زَواجي التَّقْليديُّ

نورْهان سابِق

My Arranged Marriage

Modern Standard Arabic Reader – Book 4

by Nourhan Sabek

lingualism

ISBN: 978-1-949650-31-0

Written by Nourhan Sabek

Edited by Matthew Aldrich

Arabic translation* by Lilia Khachroum

English translation by Mohamad Osman

Cover art by Duc-Minh Vu

Audio by Heba Salah Ali

from the original Egyptian Arabic to Modern Standard Arabic

website: www.lingualism.com

email: contact@lingualism.com

INTRODUCTION

The **Modern Standard Arabic Readers** series aims to provide learners with much-needed exposure to authentic language. The books in the series are at a similar level (B1-B2) and can be read in any order. The stories are a fun and flexible tool for building vocabulary, improving language skills, and developing overall fluency.

The main text is presented on even-numbered pages with tashkeel (diacritics) to aid in reading, while parallel English translations on odd-numbered pages are there to help you better understand new words and idioms. A second version of the text is given at the back of the book, without the distraction of tashkeel and translations, for those who are up to the challenge.

Visit the **Modern Standard Arabic Readers** hub at **www.lingualism.com/msar**, where you can find:

- **free accompanying audio** to download or stream (at variable playback rates)

- a **blog** with tips on using our Modern Standard Arabic readers to learn effectively

This book is also available in Egyptian Arabic at www.lingualism.com/ear.

زَواجي التَّقْليديُّ

كانَ كلُّ مَنْ في الْمَنْزِلِ يَمْشي ويَجيءُ، وَكانَتْ أُمّي تُنَظِّمُ الْأَطْباقَ والْأَكْوابَ لِلضُّيوفِ الْقادِمينَ. هُناكَ عَريسٌ قادِمٌ لِخِطْبَتي وَلَمْ أَرَهُ سِوى مَرَّةٍ واحِدَةٍ في حَفْلِ زِفافِ أَحَدِ الْأَقارِبِ. أَبي مِنَ النّاسِ الَّذينَ يُفَكِّرونَ بِطَريقَةٍ تَقْليدِيَّةٍ وَأَنَّهُ لا يوجَدُ شَيْءٌ إِسْمُهُ حُبٌّ قَبْلَ الزَّواجِ وَأَنَّ أَهَمَّ شَيْءٍ في الزَّواجِ هُوَ أَنْ يَكونَ الرَّجُلُ جَيِّدًا وَمُحْتَرَمًا.

لَمْ يَكُنْ لي رَأْيٌ في هَذِهِ الْمَسْأَلَةِ، مِثْلَ أُخْتي الْكُبْرى. تَزَوَّجَتْ هِيَ أَيْضًا بِرَجُلٍ اِخْتارَهُ أَبي.

نَحْنُ عائِلَةٌ مِنَ الطَّبَقَةِ الْوُسْطى والْمُحافِظَةِ. حَتّى عِنْدَما ارْتَدَيْتُ الْحِجابَ، كانَ قَرارًا مِنْ أَبي وَأُمّي، وَأَنَّ الْوَقْتَ أَصْبَحَ مُناسِبًا لِأَتَحَجَّبَ. هَذا لا يَعْني أَنَّني ضِدَّ الْحِجابِ، لَكِنَّني أَعْتَقِدُ أَنَّهُ كانَ يَنْبَغي أَنْ يَكونَ قَراري أَنا وَأَنَّ الْوَقْتَ الْمُناسِبَ يَجِبُ أَنْ يَكونَ مُناسِبًا لي وَلَيْسَ لِوالِدايَ.

"لَمْ تَنْتَهِ بَعْدُ مِنِ ارْتِداءِ مَلابِسِكِ يا هَناءُ!"

My Arranged Marriage

Everyone in the house was coming and going, and Mom was organizing the plates and the cups for the guests that were coming. A suitor was coming to propose to me, and I hadn't seen him but once at a relative's wedding. Dad was one of the people whose way of thinking was like times of old. There was no such thing as love before marriage. The most important thing in marriage was the man being nice and respectable.

I had no say in the matter, [just] like my older sister. She also got married to a man chosen by Dad.

We are a middle-class family, and we're traditional. Even when I started wearing the hijab, it was a decision made by Dad and Mom that it was a suitable time for me to wear the hijab. This doesn't mean that I'm against the hijab, but I thought it should have been my decision and that the right time should be right for me and not for my parents.

"You still haven't finished getting dressed, Hana!"

أُمِّي، كَالعَادَةِ، تَسْتَعْجِلُنِي فِي كُلِّ شَيْءٍ، حَتَّى فِي ارْتِدَاءِ مَلَابِسِي، قَائِلَةً دَائِمَا إِنِّي آخُذُ الكَثِيرَ مِنَ الوَقْتِ وَ إِنِّي بَطِيئَةٌ فِي كُلِّ شَيْءٍ.

"أَنَا عَلَى وَشْكِ الِانْتِهَاءِ يَا أُمِّي."

"حَسَنًا، أَسْرِعِي لِأَنَّ الضُّيُوفَ عَلَى وَشْكِ الوُصُولِ."

"حَسَنًا ..."

الضُّيُوفُ! عَرِيسٌ لَا أَعْرِفُ عَنْهُ شَيْئًا سِوَى أَنَّهُ مُهَنْدِسٌ مِعْمَارِيٌّ وَلَهُ أَجْرٌ جَيِّدٌ وَشُقَّةٌ. يَقُولُ بَابَا أَنَّهُ مُحْتَرَمٌ وَأَنَّهُ يَعْرِفُ وَالِدَ العَرِيسِ مُنْذُ فَتْرَةٍ طَوِيلَةٍ وَ أَنَّهُمَا صَدِيقَانِ. حَتَّى وَالِدُ العَرِيسِ، الَّذِي قَالَ أَبِي إِنَّهُ صَدِيقُهُ، لَا أَتَذَكَّرُ أَنِّي رَأَيْتُهُ مِنْ قَبْلِ. عَلَى أَيِّ حَالٍ، هَذَا لَا يَهُمُّ كَثِيرًا. إِذَا قَرَّرَ أَبِي شَيْئًا، فَهَذِهِ نِهَايَةُ المَوْضُوعِ.

نَادَتْنِي أُخْتِي مَرْيَمُ مِنْ غُرْفَةِ المَعِيشَةِ: "هَنَاءُ، هَلِ انْتَهَيْتِ؟"

انْتَهَيْتُ مِنَ ارْتِدَاءِ مَلَابِسِي وَخَرَجْتُ. "نَعَم يَا مَرْيَمُ."

"حَسَنًا، اذْهَبِي إِلَى المَطْبَخِ وَأَعِدِّي القَهْوَةَ. هَلْ تَتَذَكَّرِينَ مَا عَلَّمْتُكِ؟"

Mom, as usual, rushed me in everything–even in getting dressed–always saying that I take [too much] time and that I was slow in everything.

"I'm almost finished, Mom."

"Okay, quickly because the guests are about to arrive."

"All right!"

The people! A suitor whom I know nothing about except that he is a structural engineer and has a well-paying job and an apartment. Dad says that he's respectable and that he's known the suitor's father for a long time and that they are friends. Even the suitor's father, who Dad said was his friend, I can't remember seeing before. Anyway, it didn't matter too much. If Dad made a decision, it was the final word on the matter.

"Hana, are you done?" My sister Mariam called me from the sitting room.

I finished getting dressed and went outside. "Yes, Mariam."

"Okay, go to the kitchen and make the coffee. Remember the one I taught you to make?"

"نَعَم."

"حَسَنًا، هَيّا."

جاءَتْ مَرْيَمُ وَزَوْجُها مَعَ أَبِي لِأَنَّهُ لَيسَ لَدَيْنا إِخْوَةٌ ذُكورًا. كانَ زَوْجُ أُخْتِي مُحَمَّدُ طَيِّبًا وَمُحْتَرَمًا، والْحَمْدُ للهِ أَنَّها سَعيدَةٌ مَعَهُ. لَدَيْهِما وَلَدانِ وَبِنْتٌ. عِنْدَما أَراها، كُنْتُ أَقولُ لِنَفْسي، رُبَّما سَأَكونُ مِثْلَها يَوْمًا ما لِأَنَّ أَبِي هُوَ الَّذي يَخْتارُ وَيُقَرِّرُ. وَأَقولُ، الحَمْدُ لِلهِ، عَلى الأَقَلِّ هُناكَ بَعْضُ الرِّجالِ الَّذينَ يَتَبَيَّنُ أَنَّهُمْ مُحْتَرَمونَ.

ذَهَبْتُ إِلى الْمَطْبَخِ وَأَنا أَتَذَكَّرُ عِنْدَما كُنْتُ فِي الْمَدْرَسَةِ الثّانَوِيَّةِ وَفِي الْجامِعَةِ، عِنْدَما كُنْتُ أَحْلُمُ بِأَنْ أَكونَ مُخْتَلِفَةً عَنْ أُخْتِي وَعَنْ بَقِيَّةِ الْفَتَياتِ اللَّواتِي، بِمُجَرَّدِ إِنْهاءِ الْجامِعَةِ، يَتَزَوَّجْنَ وَيَبْقَيْنَ فِي الْمَنْزِلِ.

رُبَّما سَمَحَ لِي أَبِي بِالْعَمَلِ لِأَنَّنِي جَيِّدَةٌ فِي تَخَصُّصِي وَفِي الدِّراسَةِ، عَلى عَكْسِ أُخْتِي الَّتِي كانَتْ تَدْرُسُ فَقَطْ لِتَنْجَحَ وَفَقَطْ.

"Yeah."

"Okay, go on."

Maryam and her husband had come to be with Dad because we had no brothers. My sister's husband, Muhammad, was kind and respectable and, Praise be to God, she was happy with him. They had two sons and a daughter. When I saw her, I would think, Maybe I'll be like her one day because Dad was the one picking and deciding. And I'd think, Thank God, at least there some men who turn out to be respectable.

I went into the kitchen thinking about when I was in high school and university, when I would dream of being different from my sister and the rest of the girls who, once they finished university, would marry and stay at home.

Maybe Dad let me work because I was good at my specialization and at education, unlike my sister. She would study just to pass and be done with it all.

أَمّا أنا، فَكُنْتُ أُحِبُّ الدِّراسَةَ، وَكُنْتُ دائِمًا أَتَمَنّى أَنْ أَعْمَلَ فِي مَجالِ التَّرْجَمَةِ لِأَنَّنِي أُحِبُّ اللُّغاتَ جِدًّا، وَمُنْذُ أَنْ كُنْتُ صَغيرَةٍ، كُنْتُ أَتَعَلَّمُ اللُّغاتَ وَأُحِبُّ أَنْ أُتَرْجِمَها وَ أَقْرأَ بِها. وَبِالْفِعْلِ، دَخَلْتُ الْكُلِّيَّةَ وَأَكْمَلْتُ دِراسَتِي بِاللُّغَتَيْنِ، الإِنْجليزِيَّةَ والْفِرَنْسِيَّةَ، ثُمَّ الحَمْدُ لِله عَمِلْتُ فِي مَطْبَعَةٍ شَهيرَةٍ بِراتِبٍ جَيِّدٍ.

عَلَّمَتْنِي مَرْيَمُ كَيْفَ أُعِدُّ الْقَهْوَةَ. فِي الْواقِعِ لا أُجيدُ الطَّبْخَ بِاسْتِثْناءِ بَعْضِ الأَشْياءِ الْبَسيطَةِ، لَكِنَّ الطَّبْخَ لَمْ يَكُنْ مِنْ هِواياتِي مِثْلَ مَرْيَمَ. مَرْيَمُ طَبّاخَةٌ ماهِرَةٌ جِدًّا، وَمِثْلَ أُمِّي، تُعِدُّ طَعامًا لَذيذًا جِدًّا. لَكِنَّنِي لَمْ أَكُنْ أُجيدُ الطَّبْخَ عَلى الإِطْلاقِ، لَكِنَّها جاءَتْ قَبْلَ يَوْمَيْنِ وَبَقِيَتْ تُعَلِّمُنِي كَيْفَ أُعِدُّ الْقَهْوَةَ التُّرْكِيَّةَ وَتَمَكَّنْتُ بِالْفِعْلِ مِنَ التَّعَلُّمِ بَعْدَ أَنْ أَتْلَفْتُها أَكْثَرَ مِنْ عَشْرِ مَرّاتٍ.

"هَناء، الضُّيوفُ هُنا."

لَمْ أُلاحِظْ أَنَّ جَرَسَ البابِ قَدْ رَنَّ. مِنْ حُسْنِ الْحَظِّ أَنَّ أُمِّي أَتَتْ وَأَخْبَرَتْنِي، وَإِلّا فَكُنْتُ سَأُتْلِفُ الْقَهْوَةَ.

As for me, I loved education, and I would hope the whole time that I would work in translation because I really love languages. Ever since I was little, I would learn languages, and I loved to translate and read them. Indeed, I entered college and completed my education in English and French, and then, thank God, I got a job with a famous publishing house with a good salary.

Mariam taught me how to make coffee. I actually don't know how to cook [anything] except for a few simple things, but the kitchen was not my hobby like Mariam. Mariam was a very good cook, and like Mom, prepares the food so well. I don't know how to cook at all, but she came two days ago and kept teaching me how to make Turkish coffee, and I actually managed to learn how to do it after I had ruined it more than ten times.

"Hana, the people are here!"

I hadn't noticed that the doorbell was ringing. Good thing that Mom had come in and told me. Otherwise, I would have ruined the coffee.

“لَقَدِ انْتَهَيْتُ يا أُمِّي.”

“حَسَنًا، اِنْتَظِري قليلًا وَعِنْدَما أُناديكِ، تَخْرُجينَ وَتُقَدِّمينَ الْقَهْوَةَ لِلضُّيوفِ.”

“حَسَنًا.”

بَعْدَ قليلٍ، نادَتْني أُمِّي وَخَرَجْتُ بِصينِيَّةِ قَهْوَةٍ فِي يَدي. كانَتْ عَيْنايَ فِي الأَرْضِ لَيْسَ لِأَنَّنِي كُنْتُ خَجولَةً، وَلَكِنْ لِأَنَّ أُمِّي قالَتْ إِنَّ الْفَتاةَ يَجِبُ أَنْ تَكونَ مُحْتَشِمَةً، وَكُنْتُ دائِمًا أُطيعُ أَبِي وَأُمِّي فِي كُلِّ ما يَقولانِه.

بَدَأْتُ فِي تَقْديمِ الْقَهْوَةِ لِعائِلَةِ الْعَريسِ. قالَتْ لِي أُمِّي وَمَرْيَمُ إِنَّهُ مِنَ الْمُفْتَرَضِ أَنْ أُقَدِّمَ الْقَهْوَةَ لِوالِدِ الْعَريسِ أَوَّلًا، ثُمَّ لِوالِدَتِهِ، أُخْتِهِ، زَوْجِها، وَفِي النِّهايَةِ إِلَيْهِ. وَهَذا ما كُنْتُ أَفْعَلُهُ. اِقْتَرَبْتُ مِنْ والِدِ الْعَريسِ وَقَدَّمْتُ لَهُ الْقَهْوَةَ، ثُمَّ إِلَى والِدَتِهِ وَأُخْتِهِ وَزَوْجِها، وَفِي النِّهايَةِ إِلَيْهِ. نَظَرْتُ إِلَيْهِ لِأَنَّنِي أَرَدْتُ أَنْ أَرى عَنْ قُرْبٍ مَنْ أَتى لِخِطْبَتِي عَلى الرَّغْمِ مِنْ أَنَّنِي رَأَيْتُهُ فِي حَفْلِ زِفافِ قَريبِنا، إِلّا أَنَّنِي لَمْ أَنْتَبِهْ إِلَيْهِ فِي حَفْلِ الزِّفافِ.

"I'm done, Mom."

"Okay, wait a little, and when I call you, come out and serve the guests coffee."

"All right."

After a while, Mom called me, and I went out with a tray of coffee in my hands. My eyes were on the ground, not because I was shy but because Mom said that a girl should have modesty, and I always listened to what Mom and Dad said.

I started serving coffee to the suitor's family. Mom and Maryam said that, while serving the coffee, I was supposed to serve coffee to the suitor's father first, then his mother, [then] his sister, [then] her husband, and at the end [the suitor] himself. And this is what I was doing. I approached the suitor's father and served coffee, and then his mother, sister, and her husband, and in the end himself. I looked at him because I wanted to see from up close who was coming to propose to me. Although I had seen him at our relative's wedding, I hadn't seen him properly at the wedding.

بَدا لَطيفًا. كانَ طَويلًا وَشَعْرُهُ جَميلًا وَمُسَرَّحًا بِشَكْلٍ جَميلٍ. كانَتْ عَيْناهُ بُنِّيَتانِ فاتِحَتانِ وَبَشَرَتُهُ مُحْمَرَّةً. كانَ شَعْرُهُ بُنِّيٌ داكِنٌ. كانَ يَرْتَدي بَدْلَةً سَوْداءَ وَقَميصًا أَبْيَضًا كِلاسيكِيًّا. لَمْ يُخْلِطْ كَثيرًا الأَلْوانَ كَما لَوْ كانَ يُعْطي انْطِباعًا أَنَّهُ لا يُحِبُّ التَّغْييرَ أَوْ أَنَّهُ شَخْصًا تَقْليدِيًّا وَ يُحِبَّ الأَشْياءَ الْكِلاسيكِيَّةَ، رَغْمَ أَنَّ عُمْرَهُ 35 سَنَةً.

بَعْدَ أَنْ قَدَّمْتُ لَهُ الْقَهْوَةَ وابْتَسَمَ لي، جَلَسْتُ عَلى الْكُرْسِيِّ الْمُجاوِرِ لَهُ. نَظَّمَتْ أُمّي غُرْفَةَ الْمَعيشَةِ بِحَيْثُ تَكونُ الأَريكَةِ عَلى الْجانِبِ الأَيْسَرِ مَعَ كُرْسِيَّيْنِ بِجانِبِها لي وَلِلْعَريسِ، بَيْنَما تَكونُ بَقِيَّةُ الْكَراسي عَلى الْيَمينِ لِأَبي وَأُمّي وَمَرْيَمَ وَزَوْجِها. وَكَأَنَّنا نُعِدُّ حَفَلَ خُطوبَةٍ وَلَيْسَ مُجَرَّدَ طَلَبِ يَدي

"هَذِهِ ابْنَتي هَناء."

سَمِعْتُ أَبي يَقولُ اسْمي وَأَرَدْتُ أَنْ أَعْرِفَ ما سَيَقولُهُ.

"تَخَرَّجَتْ مُنْذُ سَنَتَيْنِ وَتَعْمَلُ في مَطْبَعَةٍ كَبيرَةٍ كَمُتَرْجِمَةٍ لِلُّغَةِ الإِنْجِليزِيَّةِ والْفَرَنْسِيَّةِ."

He looked nice. He was tall, and his hair was nice, combed nicely. His eyes were light brown, and he had a copperish skin tone. His hair was dark brown. He was wearing a black suit and a classic white shirt. He hadn't dabbled too much in colors as though he were sending the message that he didn't like change. Or that he was a traditional person and loved classic stuff, even though he was 35 years old.

After I served him coffee and he smiled at me, I sat in the chair next to him. Mom had organized the sitting room so that the sofa would be on the left side with two chairs next to them for the suitor and me, while the rest of the chairs would be on the right for Dad, Mom, Mariam, and her husband. [It was] as though we had been preparing an engagement ceremony and not just a marriage proposal!

"This is my daughter, Hana."

I heard Dad say my name and was keen to know what he would say.

"She graduated two years ago and is working at a big publishing house as a translator of English and French."

“ما شاءَ اللهُ، جَميلَةٌ كالْقمَرِ.” رَدَّتْ أمُّ الْعَريسِ على أَبي وَنظَرَتْ إلَيَّ.

فابْتَسَمْتُ لَها وأجَبْتُها: “شُكْرًا خالَتي.”

كانَ مِنَ الواضِحِ أنَّ الأُسْرَةَ جَيِّدَةٌ، لَكِنَّني لا أعْرِفُ. أتَذَكَّرُ عِنْدَما كُنْتُ في الْجامِعَةِ، كانَتْ صَديقَتي هالَةَ تقولُ دائِمًا أنَّ حُلْمَها أنْ تَتزَوَّجَ مِنْ رَجُلٍ يَمْتَلِكُ سَيّارَةً وَشُقَّةً وَأنْ يَكونَ مُحْتَرَمًا وعائِلَتُهُ لَطيفَةٌ. وَعِنْدَما كُنْتُ أسْألُها “لِماذا كُلُّ ذَلِكَ؟”، كانَتْ تُخْبِرُني أنَّ الشَّقَّةَ والسَّيّارَةَ هُما الأَساسُ لِلتَّنَقُّلِ وَلِتَكونَ حَياتُهُما مُريحَةً، وَأنْ تَكونَ الأُسْرَةُ لَطيفَةٌ ورائِعَةٌ لِأنَّنا نَحْنُ الفَتَياتُ لا نَتزَوَّجُ الرَّجُلَ فَحَسْبُ، بَلْ نَأْخُذُ عائِلَتَهُ مَعَهُ فَإِذا لَمْ يَكونوا لُطَفاءَ، فَلَنْ تَكونَ الْحَياةُ جَميلَةً.

كُنتُ أعْرِفُ أنَّ كَلامَها صَحيحٌ. إذا لَمْ تَكُنِ الأُسْرَةُ جَيِّدَةٌ، فَلَنْ تَكونَ الْحَياةُ جَميلَةً وَنَحْنُ نَتزَوَّجُ لِتَكْوينِ أُسْرَةٍ وَتَنْمِيَتِها، وَلَيْسَ لِنَعيشَ بِمُفْرَدِنا.

"What God wills [happens], she's [beautiful] like the moon," the suitor's mother responded to Dad and looked at me.

I smiled at her and replied, "Thanks, Auntie."

It was evident that the family was good, but I wasn't sure. I remember when I was in university, Hala, my friend, would always say that her dream was that she would marry someone who had a car and an apartment and was respectable, and his family was nice. And when I would ask her why she [wanted] all that, she would tell me that the apartment and the car were the foundation for their transportation and living comfortably; and that the family should be nice and lovely because we as girls don't just marry the man, we also take his family with him, and if they weren't nice, then life wouldn't be good.

I knew that what she had said was right. If the family wasn't good, life wouldn't be nice, and we [girls] would marry to start a family and grow it, not to live on our own.

كُنتُ دائمًا ضدَّ الزَّواج المُبكِّر والزَّواج التَّقليديِّ. لكن عندما كبِرتُ، أدرَكتُ أنِّي لا أستطيع الإعتراض على رأي والِداي وأنَّه في النِّهاية، يجبُ أن أطيعهُما، مثل أختي.

"هناءُ!"

نظرتُ إلى أمِّي وهي تُناديني. "نعَم أمِّي؟"

"اذهَبي وحضِّري الأطباق للضُّيوف."

"حسنًا."

اليَومُ، كان كلُّ شَيءٍ علَيَّ، من القَهوة وتقديمها للضُّيوف وبعد ذلك الكعكة إلى المَشروبات الغازِيَّة. لم ألاحظ مَتى انتهوا مِن القَهوة. نهضتُ لتحضير الأطباق وجاءت مَريَمُ معي. كان الفارقُ بينَنا، أنا ومَريَم، خمسُ سنواتٍ، لكنَّنا كنا دائمًا، رغمَ خِلافاتنا، صديقَتينِ وقريبَتَينِ جدًا مِن بَعضنا البَعضَ.

جهَّزنا أطباقَ الكعكةِ، وسكبتُ البيبسي في الأكواب وأحضرتُ صينيَّة كبيرة وضعت علَيها الأطباق والأكواب.

All my life I wasn't a fan of early marriage or traditional marriage, but when I grew up, I understood that I couldn't object to my parents' opinion and that, eventually, I'd have to listen to them, like my sister.

"Hana!"

I looked at Mom while she was calling. "Yes, Mom?"

"Go and prepare the dishes for the guests."

"All right."

Today, everything was on me—first the coffee and serving it to the guests and, after that, the cake and soft drinks. I didn't notice when they had finished the coffee. I got up to prepare the dishes, and Mariam came with me. The [age] difference between us, Mariam and me, was five years, but all our lives, despite our disagreements, we were still friends and were very close to each other.

We prepared the plates of cake, and I poured Pepsi into the glasses and brought a large tray onto which we put the dishes and the glasses.

قَدَّمتُ لِلضُّيوفِ الكَعْكَةَ والْمَشْروباتِ الْغازِيَّةَ. وَجَلَسْتُ في مَكاني مَرَّةً أُخْرى بَعْدَ أَنْ أَخَذْتُ طَبَقي وَكوبي. أنا لا أَشْرَبُ الْقَهْوَةَ التُّركيَّةَ وَلَكِنَّني أُحِبُّ أَنْواعَ الْقَهْوَةِ الأُخْرى وَأَسْتَمْتِعُ بِها وَأُعِدُّها في الْمَنْزِلِ، مِثْلَ النِّسْكافيهْ والْكابْتْشينو واللّاتيه وَحَتّى الْقَهْوَةِ الْمُثَلَّجَةِ.

عِنْدَما كُنْتُ في الْمَدْرَسَةِ الثّانَوِيَّةِ، كُنْتُ آكُلُ الْكَثيرَ مِنَ الْحَلَوِيّاتِ. لِذَلِكَ كانَ وَزْني مُرْتَفِعًا بَعْضَ الشَّيْءِ، وَذَهَبْتُ إِلى الطَّبيبِ وَفَقَدْتُ بَعْضَ الْوَزْنِ. وَمُنْذُ ذَلِكَ الْوَقْتِ، أُحاوِلُ الْحِفاظَ عَلى وَزْني. وَعَلى الرَّغْمِ مِنْ أَنَّني أَضْعَفُ أَمامَ الشّوكولاتَةِ، فَقَدْ تَمَكَّنْتُ مِنَ السَّيْطَرَةِ عَلى نَفْسي والتَّوَقُّفِ عَنْ تَناوُلِها كَثيرًا.

"جِئْنا لِنَتَقَدَّمَ إِلى ابْنَتِكُمْ هَناء، لِابْنِنا خالِدُ."

سَمِعْتُ عَمّي وَهُوَ يَطْلُبُ يَدي مِنْ أَبي وابْتَسَمَ أَبي وَقالَ: "يُشَرِّفُنا أَنْ يَطْلُبَ ابْنُكُمْ خالِدُ يَدَ ابْنَتِنا هَناءُ".

I served the guests the cake and the soft drinks. I sat down again in my place after I took my plate and my glass. I won't drink Turkish coffee, but I love other kinds of coffee. I would enjoy them and make them at home, like Nescafé, cappuccino, latte, and even iced coffee.

When I was in high school, I would eat a lot of sweets. So, my weight was a little high, and I went to a doctor and lost some weight. Ever since then, I've tried to watch my weight. And even though I have a weakness for chocolate, I've managed to hold myself back and stop eating it too much.

"We have come to present our son, Khaled, to your daughter, Hana."

I heard Uncle as he was asking Dad for my hand. Dad smiled and said, "We are honored that your son, Khaled, would ask for the hand of our daughter, Hana."

تَساءَلْتُ عَمَّا إِذَا كَانَتْ جَمِيعُ العائِلاتِ الَّتِي بِها فَتَياتٌ: يَتَزَوَّجْنَ جَمِيعًا زِيجاتٍ تَقلِيدِيّة أَمْ أَنَّ هُناكَ فَتَياتٍ يُحبِبْنَ وَيَخْتَرْنَ مَنْ يَتَزَوَّجْنَ؟ لا أَعْرِفُ، وَلكِنْ بِالتَّأْكِيدِ هُناكَ العَدِيدُ مِنَ الفَتَياتِ مِثلِي وَكَذلِكَ فَتَياتٌ مُختَلِفاتٌ. لا أَعْرِفُ مَا الأَفْضَلُ، الزَّواجُ التَّقلِيدِيُّ أَوْ زَواجُ الحُبِّ والاخْتِيارِ. رُبَّما لَمْ يَكُنْ هُناكَ أَفْضَلُ أَوْ أَسْوَأُ فِي نَصِيبِ المَرْءِ وَمَصِيرِه وَ حَسَبَ اختِياراتِنا وَتَقالِيدِنا وَتَربِيَتِنا.

"بِما أَنَّنا مُتَّفِقونَ، هَلْ يُمكِنُنا التَّحَدُّثُ فِي طَلَباتِكُمْ؟"

تَحَدَّثَتْ والِدَةُ خالِدٍ وَقاطَعَتْ أَفكارِي قَلِيلًا. وَلاحَظْتُ أَنَّ أَبِي قَدْ وافَقَ عَلى خالِدٍ.

"طَلَباتُنا لَيسَتْ كَثِيرَةً..."

الطَّلَباتُ! لِكُلِّ اثنَينِ سَيَتَزَوَّجانِ، تَكونُ هُناكَ طَلَباتٌ مِنْ عائِلَةِ العَروسِ لِعائِلَةِ العَرِيسِ والعَكسُ صَحِيحٌ. لا أَعْرِفُ الكَثِيرَ عَنْ هذا، لكِنَّنِي أَتَذَكَّرُ عِندَما تَزَوَّجَتْ مَرْيَمُ بِمُحَمَّدٍ، كُنتُ أَسْتَمِعُ إلى طَلَباتِ والِدِي بِأَنْ يَكونَ لِلعَرِيسِ شِقَّةً وَأَنْ يَقتَنِيَ الأَجهِزَةَ الكَهرَبائِيَّةَ والثُّرَياتِ وَغُرفَةَ النَّومِ. وَتَكونُ العَروسُ مَسؤولَةً عَنِ النِّصفِ المُتَبَقِّي: البَهوِ وَغُرفَةِ المَعِيشَةِ والغُرفَةِ الأُخرى.

I wonder if all the homes that had girls–do all of them marry in traditional marriages, or were there girls who loved and chose those they would marry? I don't know, but surely there are many girls like me and also girls that were different. I don't know which is better–to marry in a traditional marriage or a marriage out of love and choice. Perhaps neither was better or worse in terms of [one's] lot and destiny. It depends on our choices, traditions, and upbringing.

"Since we are in agreement, may we discuss your requests?"

Khaled's mother spoke and interrupted my thoughts a bit. I noticed that Dad had accepted Khaled already.

"Our requests are not many…"

Requests! For each couple that would get married, there would be requests from the bride's family to the groom's family and vice versa. I don't know a lot about this, but I remember when Mariam and Muhammad got married, I would listen to Dad's requests that the groom have an apartment, and he would get the electrical appliances, the chandeliers, and the bedroom. The bride would be responsible for the remaining half: the living room, the sitting room, and the other bedroom.

وإذا كانَتِ الشَّقَّةُ كبيرةً نوعًا ما، بها حمّامانِ وثلاثُ غرفِ نومٍ، فسيُحضِرُ الأجهزةَ والتُّرِيّاتِ ويُجهِّزُ غرفتَينِ بينما تكونُ العروسُ مسؤولةً عن باقي الشَّقَّة.

قطَعَ صوتُ أبي أفكاري: "نِصفٌ بنصفٍ. هو نِصفُ الشَّقَّةِ ونحنُ النِّصفُ الآخَر."

سيفعلُ معي مثلَ ما فعلَ مَعَ أخَتي ومحمَّد. لم أُركِّز كثيرًا على الطَّلباتِ ونظرتُ إلى خالد لبعضِ الوقتِ وسألتُ نفسي عمّا إذا كنتُ مُستعدَّةً للزواج؟ بدا لطيفًا ومُحترَمًا وعائلتُه لطيفة. حتّى أختُه وزوجُها بدَيا لطيفَين. لكنّي لم أشعُر أنّي مُستعدَّةٌ لكلِّ هذا، للزواجِ والمَنزلِ والمَسؤوليّة! لم أشعُر أنّي مُستعدَّةٌ لأكونَ أمًّا وأن أكونَ مسؤولةً عن مَنزلٍ كاملٍ مثلَ أمّي.

عُمري 25 سنةً فقط وكنتُ دائمًا أقولُ إنّي ما زلتُ طفلة. كيفَ أكبُرُ فجأةً وأتزوّجُ وأتحمّلُ مسؤوليّةَ مَنزلٍ خاصٍّ بي؟ أعلَمُ أنّي لن أكونَ وحدي وأنَّ خالد سيكونُ معي، لكنّي تساءلتُ إن كان مُستعدًّا للزواجِ أو أنّه مثلي، غيرُ جاهزٍ وأتى فقط لأنَّ والدَيه اختارا له عروسًا.

And if the apartment is somewhat spacious with two bathrooms and three bedrooms, then he would get the appliances and the chandeliers and prepare two rooms, while the bride would be responsible for the rest of the apartment.

Dad's voice cut off my thoughts. "Half and half. He [takes] one half of the apartment, and we the other half."

As he did with my sister and Muhammad, he would do with me. I wasn't too focused on the requests and would look at Khaled for some time, and I'd ask myself, I wonder if I'm prepared for marriage? He seemed nice and respectable, and his eyes were pretty. Even his sister and her husband seemed nice. But I didn't feel that I was prepared for all this, for marriage and [owning] a home... and the responsibility! I didn't feel that I was ready to be a mother and be responsible for a whole household like Mom.

I am only 25 years old, and I always say that I am still a kid. How was I suddenly grown up and getting married and carrying the responsibility of a home of my own? I knew that I wouldn't be alone, and Khaled would be with me, but I wondered if he was ready for marriage or if he was like me, not ready and had come because his parents had chosen for him a bride.

لا أتَذكَّر سَماعَهُ يَتَحدَّثُ عَلى الإطلاقِ. رُبَّما هُوَ مِثلي، كانَ يُفكِّر وَيستَمِع فَقط!

"عَمِّي، أنا مُستَعِدٌّ لأيِّ طَلَباتٍ، وإذا كُنتِ تُريدِني أنْ أقومَ بِإعدادِ الشِّقَّةِ بِأكْمَلِها، فَلا مُشكِلَةَ لَدَيَّ." تَحدَّثَ خالِدٌ بَعدَ أنْ قالَ أبي الطَّلَباتِ وكانَ لَطيفًا مِنهُ أنْ يَعرِضَ تَجهيزَ الشِّقَّةِ بِأكْمَلِها، لَكِنَّ أبي قَرَّرَ أنْ نَكونَ أنا وَمَريَمَ مِثلَ بَعضِنا، دونَ أيِّ فَرقٍ."

اِبتَسَمتُ لِخالِدٍ عِندَما نَظرَ إلَيَّ وَسألَني بِصوتٍ خافِتٍ: "هَل أنتِ دائِمًا بِهذا الهُدوءِ، أم لأنَّنا هُنا؟"

في العادةِ لَستُ هادِئَةً أبَدًا وأحِبُّ التَّحدُّثَ والتَّعرُّفَ عَلى أشخاصٍ جُدُدٍ ولكِنَّ الوَضعَ هُنا كانَ مُختَلِفًا. هُنا جاءَ خالِدٌ لِيَتقدَّمَ لي ولَم أكُنْ أعرِف ما الَّذي يُمكِنُ أنْ نَتحدَّثَ عَنهُ وما إذا كانَ بِإمكاني التَّحدُّثَ مَعَهُ أم لا دونَ أنْ يَسمَحَ لي والِدي بِذَلكَ!

"لا، أنا لَستُ هادِئَةً. أنا فَقَط لا أعرِف ما الَّذي يُمكِنُنا التَّحدُّثَ عَنهُ."

I don't remember hearing him talk at all—maybe, like me, he was thinking and listening only!

"My Uncle, I'm prepared for any requests, and if you want me to prepare the whole apartment, then I have no problem." Khaled spoke after Dad had said the requests, and it was nice of him to offer to prepare the whole apartment, but Dad decided that Mariam and I should be like each other, with no difference between us."

I smiled at Khaled when he looked at me and asked me in a low voice, "Are you always this quiet, or is it because we're here?"

Usually, I'm never quiet, and I love talking and getting to know new people, but the situation here was different. Here Khaled had come to propose to me, and I didn't know what we could talk about, and whether or not I could even talk to him without Dad giving me permission to!

"No, I'm not quiet. It's just I don't know what we can talk about."

"يَجِبُ أَنْ نَتَعَرَّفَ عَلى بَعْضِنا الْبَعْضَ. ما رَأْيُكَ يا عَمّي؟" سَأَلَ خالِدُ أَبي كَما لَوْ كانَ قَدْ قَرَأَ أَفْكاري وَيَجِبُ أَنْ يَمْنَحُنا أَبي الإِذْنِ بِالتَّحَدُّثِ مَعًا في الأَوَّلِ.

ضَحِكَ أَبي: "مِنَ الْمُفْتَرَضِ أَنْ تَتَحَدَّثا وَتَتَعَرَّفا عَلى بَعْضِكُما الْبَعْضَ أَكْثَر."

"يَبْدو أَنَّها خَجولَةً مِنّا." اِبْتَسَمَتْ لي شَقيقَةُ خالِدٍ.

"هَكَذا هِيَ هَناء، في الْبِدايَةِ تَكونُ خَجولَةً وَبَعْدَها سَتَرَوْنَها تَتَحَدَّثُ." رَدَّتْ أُمّي عَلى أُخْتِ خالِدٍ وَهِيَ تَضْحَكُ، وَكانَ الْجَميعُ سُعَداءَ، بَيْنَما كُنْتُ أُحاوِلُ الِابْتِسامَ أَوْ رَسْمَ ابْتِسامَةٍ عَلى وَجْهي حَتّى وَإِنْ لَمْ تَكُنْ حَقيقِيَّةٍ.

ثُمَّ نَظَرَ إِلَيَّ خالِدٍ وَقالَ: "هَلْ تَعْرِفينَ كَيْفَ تَطْبُخينَ يا هَناءُ؟"

وَقَبْلَ أَنْ أَرُدَّ، تَدَخَّلَتْ أُمّي بِسُرْعَةٍ وَقالَتْ: "هَناءُ جَيِّدَةٌ جِدًّا في الطَّبْخِ وَهِيَ تُساعِدُني مِثْلَ مَرْيَمَ. الْفَتاتَيْنِ تُحِبّانِ الطَّبْخَ كَثيرًا."

"We should get to know each other. What do you think, Uncle?" Khaled asked Dad as if he had read my thoughts, and as if Dad should first give us permission to talk together.

"You're supposed to talk and get to know each other more." Dad laughed.

"It seems that she's shy around us," Khaled's sister grinned at me.

"Hana is always like that. The first time she's calm, and then you'll see her talk," Mom replied to Khaled's sister as she was laughing. Everyone was happy, while I was trying to smile or draw a smile on my face even if it wasn't authentic...

Khaled then looked at me and said, "Do you know how to cook, Hana?"

And before I replied, Mom quickly jumped into [the conversation] and said, "Hana is very good in the kitchen, and she [always] helps me like Mariam. Both girls love cooking very much."

نَظَرْتُ إِلَى أُمِّي مُتَعَجِّبَةً لِمَاذَا قَالَتْ هَكَذَا عَلَى الرَّغْمِ مِنْ أَنَّهَا كَانَتْ تَعْلَمُ أَنِّي لَا أُحِبُّ الطَّبْخَ وَلَا حَتَّى أَعْرِفُ عَنْهُ شَيْئًا. أَعْتَقِدُ أَنَّهَا قَالَتْ ذَلِكَ حَتَّى لَا يَكُونَ لَدَيْهِمْ عُذْرًا لِإِلْغَاءِ الزَّوَاجِ. فِي بَعْضِ الْأَحْيَانِ، كُنْتُ أُفَكِّرُ مَاذَا لَوْ قُلْتُ الْحَقِيقَةَ، وَهِيَ أَنِّي لَا أُجِيدُ الطَّبْخَ، وَأَنِّي هَادِئَةٌ، هَلْ سَيُلْغَى الزَّوَاجُ. أَلَا يُعْقَلُ أَنْ أَكُونَ أَنَا مَنْ يُرِيدُ إِلْغَاءَهُ وَأَلَّا أَتَزَوَّجَ؟!

لَا أَدْرِي. كَانَتْ أَفْكَارِي مُشَوَّشَةً وَلَا أَعْرِفُ مَا الَّذِي كُنْتُ أَشْعُرُ بِهِ.

أَيْقَظَنِي صَوْتُ أُمِّي: "أَلَيْسَ هَذَا صَحِيحًا يَا هَنَاءُ؟"

لَمْ أَكُنْ مُنْتَبِهَةً لِمَا قَالَتْهُ، لَكِنَّنِي وَافَقْتُ وَصَمَتُّ مَرَّةً أُخْرَى.

بَدَا خَالِدٌ وَكَأَنَّهُ لَاحَظَ أَنِّي لَسْتُ مَعَهُمْ أَوْ أَنِّي فِي الْوَاقِعِ لَا أَتَّفِقُ مَعَ أُمِّي وَقَالَ: "وَحَتَّى لَوْ كَانَتْ لَا تَعْرِفُ يَا خَالَتِي، فَسَأُعَلِّمُهَا."

نَظَرْتُ إِلَيْهِ وَاسْتَغْرَبْتُ. رَجُلٌ يُجِيدُ الطَّبْخَ! كَانَ هَذَا شَيْئًا جَدِيدًا بِالنِّسْبَةِ لِي. جَمِيعُ صَدِيقَاتِي الْمُتَزَوِّجَاتِ يَتَعَلَّمْنَ الطَّبْخَ أَوْ يُجِدْنَهُ. عِنْدَمَا أَذْهَبُ إِلَى حَفَلَاتِ زِفَافِهِنَّ، كُنْتُ أَحْلُمُ بِأَنَّ حَفْلِي سَيَكُونُ مُخْتَلِفًا وَأَنِّي سَأَخْتَارُ مَنْ سَأَتَزَوَّجُ

I looked at Mom, puzzled as to why she would say that even though she knew I didn't like cooking or even knew how really. I thought maybe she said that so they wouldn't have an excuse to cancel the marriage. Sometimes I'd think, if I had told the truth, which was that I didn't know how to cook and that I was quiet, I wonder if the marriage would have been canceled. Isn't it possible that I wanted it to be canceled and not get married?!"

I don't know. My thoughts were all over the place, and I didn't know what I was feeling.

Mom's voice brought me back, "Isn't that right, Hana?"

I wasn't really paying attention to what she had said, but I agreed and went quiet again.

Khaled was as though he'd noticed that I wasn't with them and that I actually wasn't agreeing with Mom and said, "And, Auntie, even if she doesn't know how to, I'll teach her."

I looked at him and was puzzled. A man who knew how to cook! That was something new to me. All my friends who were married had been taught how to cook or already knew how to cook. When I would go to their weddings, I would have a dream that my wedding would be different and that I'd choose whom I'd marry,

وَأَنْ أَكُونَ أُحِبُّهُ. وَمَعَ ذَلِكَ، كَانَ قَدَرِي مُخْتَلِفًا وَفَكَّرْتُ، حَتَّى لَوْ لَمْ أَتَمَكَّنْ مِنَ اخْتِيَارِ الْعَرِيسِ، فَيُمْكِنُنِي عَلَى الْأَقَلِّ اخْتِيَارُ كَيْفَ سَيَكُونُ حَفْلِي.

"يَا هَنَاءُ..." كَانَ خَالِدٌ يَتَحَدَّثُ مَعِي.

"أَنْتِ لَسْتِ مَعَنَا عَلَى الْإِطْلَاقِ. مَا الَّذِي تُفَكِّرِينَ فِيهِ؟"

"لَا شَيْءَ. لَا أُفَكِّرُ فِي شَيْءٍ مُعَيَّنٍ."

"هَلْ أَنْتِ سَعِيدَةٌ؟"

"نَعَم."

"أَعْلَمُ أَنَّنَا لَا نَعْرِفُ بَعْضَنَا الْبَعْضَ كَثِيرًا وَلَكِنَّنَا سَنَتَعَرَّفُ عَلَى بَعْضِنَا الْبَعْضَ وَنَتَحَدَّثُ وَنَلْتَقِي كَثِيرًا وَسَتَكُونُ هُنَاكَ خُطُوبَةٌ وَفُرْصَةٌ لِلتَّعَرُّفِ أَكْثَرَ عَلَى بَعْضِنَا الْبَعْضَ قَبْلَ الزَّوَاجِ."

"إِنْ شَاءَ اللهُ يَا خَالِدُ."

اِبْتَسَمْنَا لِبَعْضِنَا الْبَعْضَ وَعَادَ الصَّمْتُ مَرَّةً أُخْرَى، أَوْ عَلَى الْأَقَلِّ أَنَا كُنْتُ صَامِتَةً وَأَسْمَعُهُمْ يَتَحَدَّثُونَ وَيَضْحَكُونَ، وَقَدَّمَتْ لَهُمْ مَرْيَمُ الشَّايَ. هَذِهِ الْمَرَّةَ لَمْ تَسْمَحْ لِي بِتَقْدِيمِ أَيِّ شَيْءٍ. نَهَضْتُ وَأَعَدْتُ الشَّايَ وَقَدَّمْتُهُ لَهُمْ.

and I'd love him. However, my destiny was different. I thought, even if I didn't get to choose the suitor, I could at least choose what my wedding would look like.

"Hana..." Khaled was talking to me.

"You're not with us at all. What are you thinking about?"

"Nothing. I'm not thinking about anything in particular."

"Are you happy?"

"Yeah."

"I know that we don't know each other too much, but we'll get to know each other and talk and meet a lot, and there'll be an engagement and a chance for us to get to know each other more before marriage."

"God willing, Khaled."

We smiled at each other, and the silence came back again. Or, at least I was silent and heard them talk and laugh. Maryam served them tea. This time she didn't make me serve anything. She got up and made the tea and served it to them.

كانَتِ العائِلَتانِ مُنْسَجِمَتانِ، وَبَدا خالِدُ لَطيفًا وَكانَ يَتَحَدَّثُ مَعي بِلُطْفٍ. رُبَّما يَكونُ هُوَ الشَّخْصُ الَّذي سَيُسْعِدُني وَيَجْعَلُني أَعيشُ حَياةً جَميلَةً وَ سَيَجْعَلُني أَشْعُرُ بِالسَّعادَةِ! وَرُبَّما لَمْ تَكُنْ فِكْرَةُ الزَّواجِ التَّقْليديِّ سَيِّئَةً كَما اعْتَقَدْتُ.

رُبَّما أَنا أَشْعَرُ بِالْحَيْرَةِ أَوْ لا أَعْرِفُ ما الَّذي كُنْتُ أَشْعُرُ بِهِ بِالضَّبْطِ. لَكِنَّني أَعْلَمُ أَنَّني لا أَسْتَطيعُ الرَّفْضَ طالَما أَنَّ والِدي وافَقَ عَلى خالِدِ وَرُبَّما هَذا المَصيرِ هوَ الأَفْضَلُ!

تَخَيَّلْتُ أَنَّهُ في يَوْمٍ مِنَ الأَيّامِ عِنْدَما سَأُصْبِحُ أُمًّا، سَأُغَيِّرُ بَعْضُ هَذِهِ التَّقاليدُ وَسَأَسْمَحُ لِابْنَتي أَوِ ابْني بِاخْتِيارِ مِنْ سَيَتَزَوَّجونَ وَلَنْ يَكونَ زَواجا تَقْليديًّا هَكَذا.

رُبَّما يَأْتي الْحُبُّ بَعْدَ الزَّواجِ! رُبَّما فِعْلًا لَمْ يَكُنْ هُناكَ حُبٌّ قَبْلَ الزَّواجِ، كَما يَقولُ أَبي، وَكَيْفَ يُمْكِنُنا أَنْ نُحِبَّ شَخْصًا لَمْ نَقْضِ مَعَهُ الْكَثيرَ مِنَ الْوَقْتِ أَوْ نَعِشْ مَعَهُ وَنَرَ كُلَّ حالاتِهِ، عِنْدَما يَكونُ غاضِبًا، هادِئًا، وَهُوَ يَكْرَهُ، وَهُوَ يُحِبُّ، وَهُوَ يَتَكَلَّمُ، ماذا يُحِبُّ وَماذا يَكْرَهُ؟ ماذا يَأْكُلُ وَماذا يَشْرَبُ؟ كُلُّ هَذا لا يُمْكِنُ مَعْرِفَتَهُ إِلّا عِنْدَما تَعيشُ مَعَ هَذا الشَّخْصِ وَتَقْضي مَعَهُ وَقْتًا طَويلًا.

The two families were good together, and Khaled seemed nice and was talking to me in a nice way. Perhaps he'd be the one to make me happy and make me live a nice life and make me feel pleased! And maybe the idea of traditional marriage wasn't so bad as I thought it was...

Maybe I'm just puzzled, or I don't know what I was feeling exactly. But I knew that I couldn't reject him so long as Dad had said yes regarding Khaled, and maybe this destiny was the best out of all others!

I imagined that, one day, when I had become a mother, I would change some of these traditions and let my daughter or son choose whom they'd marry, and the marriage wouldn't be so traditional.

Maybe love comes after marriage! Maybe there is actually no love before marriage, as Dad says, and how would we be able to love someone whom we haven't spent a lot of time with or lived with and saw in their entirety—when they're angry, calm, hateful, loving, chatty, their likes and dislikes, what food they like, what drinks they like. All this is unknown until you live with the person and spending a long time with them.

قالَ عَمّي لِأَبي: "ليَكُنْ خَيْرًا، وَأَكْرَمَ اللهُ أَبْناءَنا."

كانوا قَدْ قَرَّروا، سنَتَزَوَّجُ أَنا وَخالِدُ. بَدا أَبي مُعْجَبًا بِخالِدٍ كَثيرًا، وَكَذَلِكَ كانَتْ أُمّي. كَما بَدا عَمّي وَخالَتي مُعْجَبانِ بي. ضَحِكَتْ لي مَرْيَمُ وَابْتَسَمَتْ. تَمَّتِ الاتِّفاقِيّاتُ، والَّتي رُبَّما لَمْ أَسْمَعْ مِنها شَيْئًا. ما فَهِمْتُهُ مِنْ كَلامِ أَبي وَخالِدَ هُوَ أَنَّنا أَنا وَخالِدُ سَنَلْتَقي في عُطْلَةِ نِهايَةِ الأُسْبوعِ لِلتَّحَدُّثِ والتَّعَرُّفِ عَلى بَعْضِنا الْبَعْضَ أَكْثَرَ.

"بِالطَّبْعِ يا ابْني خالِدُ، سَتَلْتَقِيا وَتَتَعارَفا."

شُكْرًا عَمّيَ."

نَظَرَ أَبي إِلَيَّ وَقالَ: "ما رَأْيُكِ يا هَناء؟"

اِبْتَسَمْتُ وَوافَقْتُ عَلى ما قالَهُ.

"هَناءُ، أَنا في اِنْتِظارِ أَنْ نَتَحَدَّثَ وَنَلْتَقِيَ حَتّى نَتَعَرَّفَ أَكْثَرَ عَلى بَعْضِنا الْبَعْضَ."

"أَنا أَيْضًا يا خالِدُ." اِبْتَسَمْتُ لَهُ.

وَدَّعونا وَنَهَضوا لِلْمُغادَرَةِ. وانْتَهى يَوْمٌ طَويلٌ بَعْدَ أَنِ اتَّفَقوا وَتَمَّ تَرْتيبُ زَواجي مِنْ خالِدٍ.

"May it be good, and may God honor our children both," Uncle said to Dad.

They decided, and so Khaled and I would get married. Dad seemed to like Khaled a lot, and so did Mom. Uncle and Auntie also seemed to like me. Mariam grinned at me, and I smiled. The agreements were done, most of which I probably hadn't heard anything, except for a few things. What I had understood from Dad's and Khaled's conversation was that Khaled and I would meet on the weekends to chat and know about each other more.

"Of course, Khaled, my son, you will meet and get to know each other."

Thank you, Uncle."

Dad looked at me and said, "What do you think, Hana?"

I smiled and agreed to what he had said.

"Hana, I'm waiting to chat and meet so we could get to know each other more."

"Me, too, Khaled." I smiled at him.

They bid us farewell and got up to leave. A long day was over after they agreed [on its conditions and their requests], and my marriage to Khaled had been arranged.

Arabic Text without Tashkeel

زواجي التقليدي

كان كل من في المنزل يمشي ويجيء، وكانت أمي تنظم الأطباق والأكواب للضيوف القادمين. هناك عريس قادم لخطبتي ولم أره سوى مرة واحدة في حفل زفاف أحد الأقارب. أبي من الناس الذين يفكرون بطريقة تقليدية وأنه لا يوجد شيء إسمه حب قبل الزواج وأن أهم شيء في الزواج هو أن يكون الرجل جيدا ومحترما.

لم يكن لي رأي في هذه المسألة، مثل أختي الكبرى. تزوجت هي أيضا برجل اختاره أبي.

نحن عائلة من الطبقة الوسطى والمحافظة. حتى عندما ارتديت الحجاب، كان قرارا من أبي وأمي، وأن الوقت أصبح مناسبا لأتحجب. هذا لا يعني أنني ضد الحجاب، لكنني أعتقد أنه كان ينبغي أن يكون قراري أنا وأن الوقت المناسب يجب أن يكون مناسبا لي وليس لوالداي.

"لم تنته بعد من ارتداء ملابسك يا هناء!"

أمي، كالعادة، تستعجلني في كل شيء، حتى في ارتداء ملابسي، قائلة دائما إنني آخذ الكثير من الوقت و إنني بطيئة في كل شيء.

"أنا على وشك الانتهاء يا أمي."

"حسنا، أسرعي لأن الضيوف على وشك الوصول."

"حسنا ..."

الضيوف! عريس لا أعرف عنه شيئا سوى أنه مهندس معماري وله أجر جيد وشقة. يقول بابا أنه محترم وأنه يعرف والد العريس منذ فترة طويلة و أنهما صديقان. حتى والد العريس، الذي قال أبي إنه صديقه، لا أتذكر أنني رأيته من قبل. على أي حال، هذا لا يهم كثيرا. إذا قرر أبي شيئا، فهذه نهاية الموضوع.

نادتني أختي مريم من غرفة المعيشة: "هناء، هل انتهيت؟"

انتهيت من ارتداء ملابسي وخرجت. "نعم يا مريم."

"حسنا، اذهبي إلى المطبخ وأعدي القهوة. هل تتذكرين ما علمتك؟"

"نعم."

"حسنا، هيا."

جاءت مريم وزوجها مع أبي لأنه ليس لدينا إخوة ذكورا. كان زوج أختي محمد طيبا ومحترما، والحمد لله أنها سعيدة معه. لديهما ولدان وبنت. عندما أراها، كنت أقول لنفسي، ربما سأكون مثلها يوما ما لأن أبي هو الذي يختار ويقرر. وأقول، الحمد لله، على الأقل هناك بعض الرجال الذين يتبين أنهم محترمون.

ذهبت إلى المطبخ وأنا أتذكر عندما كنت في المدرسة الثانوية وفي الجامعة، عندما كنت أحلم بأن أكون مختلفة عن أختي وعن بقية الفتيات اللواتي، بمجرد إنهاء الجامعة، يتزوجن ويبقين في المنزل.

ربما سمح لي أبي بالعمل لأني جيدة في تخصصي وفي الدراسة، على عكس أختي التي كانت تدرس فقط لتنجح وفقط.

أما أنا، فكنت أحب الدراسة، وكنت دائما أتمنى أن أعمل في مجال الترجمة لأني أحب اللغات جدا، ومنذ أن كنت صغيرة، كنت أتعلم اللغات وأحب أن أترجمها و أقرأ بها. وبالفعل، دخلت الكلية وأكملت دراستي باللغتين، الإنجليزية والفرنسية، ثم الحمد لله عملت في مطبعة شهيرة براتب جيد.

علمتني مريم كيف أعد القهوة. في الواقع لا أجيد الطبخ باستثناء بعض الأشياء البسيطة، لكن الطبخ لم يكن من هواياتي مثل مريم. مريم طباخة ماهرة جدا، ومثل أمي، تعد طعاما لذيذا جدا. لكني لم أكن أجيد الطبخ على الإطلاق، لكنها جاءت قبل يومين وبقيت تعلمني كيف أعد القهوة التركية وتمكنت بالفعل من التعلم بعد أن أتلفتها أكثر من عشر مرات.

"هناء، الضيوف هنا."

لم ألاحظ أن جرس الباب قد رن. من حسن الحظ أن أمي أتت وأخبرتني، وإلا فكنت سأتلف القهوة.

"لقد انتهيت يا أمي."

"حسنا، انتظري قليلا وعندما أناديك، تخرجين وتقدمين القهوة للضيوف."

"حسنا."

بعد قليل، نادتني أمي وخرجت بصينية قهوة في يدي. كانت عيناي في الأرض ليس لأنني كنت خجولة، ولكن لأن أمي قالت إن الفتاة يجب أن تكون محتشمة، وكنت دائما أطيع أبي وأمي في كل ما يقولانه.

بدأت في تقديم القهوة لعائلة العريس. قالت لي أمي ومريم إنه من المفترض أن أقدم القهوة لوالد العريس أولا، ثم لوالدته، أخته، زوجها، وفي النهاية إليه. وهذا ما كنت أفعله. اقتربت من والد العريس وقدمت له القهوة، ثم إلى والدته وأخته وزوجها، وفي النهاية إليه. نظرت إليه لأنني أردت أن أرى عن قرب من أتى لخطبتي على الرغم من أنني رأيته في حفل زفاف قريبنا، إلا أنني لم أنتبه إليه في حفل الزفاف.

بدا لطيفا. كان طويلا وشعره جميلا ومسرحا بشكل جميل. كانت عيناه بنيتان فاتحتان وبشرته محمرة. كان شعره بني داكن. كان يرتدي بدلة سوداء وقميصا أبيضا كلاسيكيا. لم يخلط كثيرا الألوان كما لو كان يعطي انطباعا أنه لا يحب التغيير أو أنه شخصا تقليديا و يحب الأشياء الكلاسيكية، رغم أن عمره 35 سنة.

بعد أن قدمت له القهوة وابتسم لي، جلست على الكرسي المجاور له. نظمت أمي غرفة المعيشة بحيث تكون الأريكة على الجانب الأيسر مع كرسيين بجانبها لي وللعريس، بينما تكون بقية الكراسي على اليمين لأبي وأمي ومريم وزوجها. وكأننا نعد حفل خطوبة وليس مجرد طلب يدي

"هذه ابنتي هناء."

سمعت أبي يقول اسمي وأردت أن أعرف ما سيقوله.

"تخرجت منذ سنتين وتعمل في مطبعة كبيرة كمترجمة للغة الإنجليزية والفرنسية."

"ما شاء الله، جميلة كالقمر." ردت أم العريس على أبي ونظرت إلي.

فابتسمت لها وأجبتها: "شكرا خالتي."

كان من الواضح أن الأسرة جيدة، لكني لا أعرف. أتذكر عندما كنت في الجامعة، كانت صديقتي هالة تقول دائما أن حلمها أن تتزوج من رجل يمتلك سيارة وشقة وأن يكون محترما وعائلته لطيفة. وعندما كنت أسألها "لماذا كل ذلك؟"، كانت تخبرني أن الشقة والسيارة هما الأساس للتنقل ولتكون حياتهما مريحة، وأن تكون الأسرة لطيفة ورائعة لأننا نحن الفتيات لا نتزوج الرجل فحسب، بل نأخذ عائلته معه فإذا لم يكونوا لطفاء، فلن تكون الحياة جميلة.

كنت أعرف أن كلامها صحيح. إذا لم تكن الأسرة جيدة، فلن تكون الحياة جميلة ونحن نتزوج لتكوين أسرة وتنميتها، وليس لنعيش بمفردنا.

كنت دائما ضد الزواج المبكر والزواج التقليدي. لكن عندما كبرت، أدركت أني لا أستطيع الإعتراض على رأي والداي وأنه في النهاية، يجب أن أطيعهما، مثل أختي.

"هناء!"

نظرت إلى أمي وهي تناديني. "نعم أمي؟"

"اذهبي وحضري الأطباق للضيوف."

"حسنا."

اليوم، كان كل شيء علي، من القهوة وتقديمها للضيوف وبعد ذلك الكعكة إلى المشروبات الغازية. لم ألاحظ متى انتهوا من القهوة. نهضت لتحضير الأطباق وجاءت مريم معي. كان الفارق بيننا، أنا ومريم، خمس سنوات، لكننا كنا دائما، رغم خلافاتنا، صديقتين وقريبتين جدا من بعضنا البعض.

جهزنا أطباق الكعكة، وسكبت البيبسي في الأكواب وأحضرت صينية كبيرة وضعت عليها الأطباق والأكواب.

قدمت للضيوف الكعكة والمشروبات الغازية. وجلست في مكاني مرة أخرى بعد أن أخذت طبقي وكوبي. أنا لا أشرب القهوة التركية ولكني أحب أنواع القهوة الأخرى وأستمتع بها وأعدها في المنزل، مثل النسكافيه والكابتشينو واللاتيه وحتى القهوة المثلجة.

عندما كنت في المدرسة الثانوية، كنت آكل الكثير من الحلويات. لذلك كان وزني مرتفعا بعض الشيء، وذهبت إلى الطبيب وفقدت بعض الوزن. ومنذ

ذلك الوقت، أحاول الحفاظ على وزني. وعلى الرغم من أني أضعف أمام الشوكولاتة، فقد تمكنت من السيطرة على نفسي والتوقف عن تناولها كثيرا.

"جئنا لنتقدم إلى ابنتكم هناء، لابننا خالد."

سمعت عمي وهو يطلب يدي من أبي وابتسم أبي وقال: "يشرفنا أن يطلب ابنكم خالد يد ابنتنا هناء".

تساءلت عما إذا كانت جميع العائلات التي بها فتيات: يتزوجن جميعا زيجات تقليدية أم أن هناك فتيات يحببن ويخترن من يتزوجن؟ لا أعرف، ولكن بالتأكيد هناك العديد من الفتيات مثلي وكذلك فتيات مختلفات. لا أعرف ما الأفضل، الزواج التقليدي أو زواج الحب والاختيار. ربما لم يكن هناك أفضل أو أسوأ في نصيب المرء ومصيره و حسب اختياراتنا وتقاليدنا وتربيتنا.

"بما أننا متفقون، هل يمكننا التحدث في طلباتكم؟"

تحدثت والدة خالد وقاطعت أفكاري قليلا. ولاحظت أن أبي قد وافق على خالد.

"طلباتنا ليست كثيرة..."

الطلبات! لكل اثنين سيتزوجان، تكون هناك طلبات من عائلة العروس لعائلة العريس والعكس صحيح. لا أعرف الكثير عن هذا، لكني أتذكر عندما تزوجت مريم بمحمد، كنت أستمع إلى طلبات والدي بأن يكون للعريس شقة وأن يقتني الأجهزة الكهربائية والثريات وغرفة النوم. وتكون العروس مسؤولة عن النصف المتبقي: البهو وغرفة المعيشة والغرفة الأخرى.

وإذا كانت الشقة كبيرة نوعا ما، بها حمامان وثلاث غرف نوم، فسيحضر الأجهزة والثريات ويجهز غرفتين بينما تكون العروس مسؤولة عن باقي الشقة.

قطع صوت أبي أفكاري: "نصف بنصف. هو نصف الشقة ونحن النصف الآخر."

سيفعل معي مثل ما فعل مع أختي ومحمد. لم أركز كثيرا على الطلبات ونظرت إلى خالد لبعض الوقت وسألت نفسي عما إذا كنت مستعدة

للزواج؟ بدا لطيفا ومحترما وعائلته لطيفة. حتى أخته وزوجها بديا لطيفين. لكني لم أشعر أني مستعدة لكل هذا، للزواج والمنزل والمسؤولية! لم أشعر أني مستعدة لأكون أما وأن أكون مسؤولة عن منزل كامل مثل أمي.

عمري 25 سنة فقط وكنت دائما أقول إني ما زلت طفلة. كيف أكبر فجأة وأتزوج وأتحمل مسؤولية منزل خاص بي؟ أعلم أني لن أكون وحدي وأن خالد سيكون معي، لكني تساءلت إن كان مستعدا للزواج أو أنه مثلي، غير جاهز وأنى فقط لأن والديه اختارا له عروسا.

لا أتذكر سماعه يتحدث على الإطلاق. ربما هو مثلي، كان يفكر ويستمع فقط!

"عمي، أنا مستعد لأي طلبات، وإذا كنت تريدني أن أقوم بإعداد الشقة بأكملها، فلا مشكلة لدي." تحدث خالد بعد أن قال أبي الطلبات وكان لطيفا منه أن يعرض تجهيز الشقة بأكملها، لكن أبي قرر أن نكون أنا ومريم مثل بعضنا، دون أي فرق."

ابتسمت لخالد عندما نظر إلي وسألني بصوت خافت: "هل أنت دائما بهذا الهدوء، أم لأننا هنا؟"

في العادة لست هادئة أبدا وأحب التحدث والتعرف على أشخاص جدد ولكن الوضع هنا كان مختلفا. هنا جاء خالد ليتقدم لي ولم أكن أعرف ما الذي يمكن أن نتحدث عنه وما إذا كان بإمكاني التحدث معه أم لا دون أن يسمح لي والدي بذلك!

"لا، أنا لست هادئة. أنا فقط لا أعرف ما الذي يمكننا التحدث عنه."

"يجب أن نتعرف على بعضنا البعض. ما رأيك يا عمي؟" سأل خالد أبي كما لو كان قد قرأ أفكاري ويجب أن يمنحنا أبي الإذن بالتحدث معا في الأول.

ضحك أبي: "من المفترض أن تتحدثا وتتعرفا على بعضكما البعض أكثر."

"يبدو أنها خجولة منا." ابتسمت لي شقيقة خالد.

"هكذا هي هنا، في البداية تكون خجولة وبعدها سترونها تتحدث." ردت أمي على أخت خالد وهي تضحك، وكان الجميع سعداء، بينما كنت أحاول الابتسام أو رسم ابتسامة على وجهي حتى وإن لم تكن حقيقية.

ثم نظر إلى خالد وقال: "هل تعرفين كيف تطبخين يا هناء؟"

وقبل أن أرد، تدخلت أمي بسرعة وقالت: "هناء جيدة جدا في الطبخ وهي تساعدني مثل مريم. الفتاتين تحبان الطبخ كثيرا."

نظرت إلى أمي متعجبة لماذا قالت هكذا على الرغم من أنها كانت تعلم أني لا أحب الطبخ ولا حتى أعرف عنه شيئا. أعتقد أنها قالت ذلك حتى لا يكون لديهم عذرا لإلغاء الزواج. في بعض الأحيان، كنت أفكر ماذا لو قلت الحقيقة، وهي أني لا أجيد الطبخ، وأني هادئة، هل سيلغى الزواج. ألا يعقل أن أكون أنا من يريد إلغاءه وألا أتزوج؟!

لا أدري. كانت أفكاري مشوشة ولا أعرف ما الذي كنت أشعر به.

أيقظني صوت أمي: "أليس هذا صحيحا يا هناء؟"

لم أكن منتبهة لما قالته، لكني وافقت وصمت مرة أخرى.

بدا خالد وكأنه لاحظ أني لست معهم أو أني في الواقع لا أتفق مع أمي وقال: "وحتى لو كانت لا تعرف يا خالتي، فسأعلمها."

نظرت إليه واستغربت. رجل يجيد الطبخ! كان هذا شيئا جديدا بالنسبة لي. جميع صديقاتي المتزوجات يتعلمن الطبخ أو يجدنه. عندما أذهب إلى حفلات زفافهن، كنت أحلم بأن حفلي سيكون مختلفا وأني سأختار من سأتزوج وأن أكون أحبه. ومع ذلك، كان قدري مختلفا وفكرت، حتى لو لم أتمكن من اختيار العريس، فيمكنني على الأقل اختيار كيف سيكون حفلي.

"يا هناء..." كان خالد يتحدث معي.

"أنت لست معنا على الإطلاق. ما الذي تفكرين فيه؟"

"لا شيء. لا أفكر في شيء معين."

"هل أنت سعيدة؟"

"نعم."

"أعلم أننا لا نعرف بعضنا البعض كثيرا ولكننا سنتعرف على بعضنا البعض ونتحدث ونلتقي كثيرا وستكون هناك خطوبة وفرصة للتعرف أكثر على بعضنا البعض قبل الزواج."

"إن شاء الله يا خالد."

ابتسمنا لبعضنا البعض وعاد الصمت مرة أخرى، أو على الأقل كنت أنا صامتة وأسمعهم يتحدثون ويضحكون، وقدمت لهم مريم الشاي. هذه المرة لم تسمح لي بتقديم أي شيء. نهضت وأعدت الشاي وقدمته لهم.

كانت العائلتان منسجمتان، وبدا خالد لطيفا وكان يتحدث معي بلطف. ربما يكون هو الشخص الذي سيسعدني ويجعلني أعيش حياة جميلة و سيجعلني أشعر بالسعادة! وربما لم تكن فكرة الزواج التقليدي سيئة كما اعتقدت.

ربما أنا أشعر بالحيرة أو لا أعرف ما الذي كنت أشعر به بالضبط. لكني أعلم أني لا أستطيع الرفض طالما أن والدي وافق على خالد وربما هذا المصير هو الأفضل!

تخيلت أنه في يوم من الأيام عندما سأصبح أما، سأغير بعض هذه التقاليد وسأسمح لابنتي أو ابني باختيار من سيتزوجون ولن يكون زواجا تقليديا هكذا.

ربما يأتي الحب بعد الزواج! ربما فعلا لم يكن هناك حب قبل الزواج، كما يقول أبي، وكيف يمكننا أن نحب شخصا لم نقض معه الكثير من الوقت أو نعش معه ونر كل حالاته، عندما يكون غاضبا، هادئا، وهو يكره، وهو يحب، وهو يتكلم، ماذا يحب وماذا يكره؟ ماذا يأكل وماذا يشرب؟ كل هذا لا يمكن معرفته إلا عندما تعيش مع هذا الشخص وتقضي معه وقتا طويلا.

قال عمي لأبي: "ليكن خيرا، وأكرم الله أبناءنا."

كانوا قد قرروا، سنتزوج أنا وخالد. بدا أبي معجبا بخالد كثيرا، وكذلك كانت أمي. كما بدا عمي وخالي معجبان بي. ضحكت لي مريم وابتسمت. تمت الاتفاقيات، والتي ربما لم أسمع منها شيئا. ما فهمته من كلام أبي وخالد هو أننا أنا وخالد سنلتقي في عطلة نهاية الأسبوع للتحدث والتعرف على بعضنا البعض أكثر.

"بالطبع يا ابني خالد، ستلتقيا وتتعارفا."

شكرا عمي."

نظر أبي إلي وقال: "ما رأيك يا هناء؟"

ابتسمت ووافقت على ما قاله.

"هناء، أنا في انتظار أن نتحدث ونلتقي حتى نتعرف أكثر على بعضنا البعض."

"أنا أيضا يا خالد." ابتسمت له.

ودعونا ونهضوا للمغادرة. وانتهى يوم طويل بعد أن اتفقوا وتم ترتيب زواجي من خالد.

MODERN STANDARD ARABIC READERS SERIES

www.lingualism.com/msar

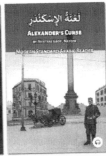

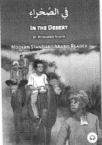

Made in the USA
Coppell, TX
27 February 2023

13507415R00026